SELFCARE

ALL

AUTOR / COVER / BILDER

DIRK L. FEILER

1. KAPITEL: TEAMWORK

SIE WERDEN GESUNDEN. AMEN. DAS LEBEN IST MIT IHNEN. ICH NAHM MEINEN VATER VOM TOTENBETT - DIE FAMILIE WAR VERSAMMELT - NACH SEINER LETZEN NACHT WURDE ER AM NÄCHSTEN OHNE BEDENKEN AUS DEN KRANKENHAUS ENTLASSEN. TAUFPATE ELDER HIRSCHMANN MORMONE (ZEUGE)

~

YOU ARE HEALTHY. AMEN. LIFE IS WITH YOU. I TOOK MY FATHER FROM HIS DEATHBED - THE FAMILY WAS GATHERED TOGETHER AFTER HIS LAST NIGHT, HE WAS RELEASED FROM THE HOSPITAL TO THE NEXT WITHOUT ANY CONCERNS. GODFATHER ELDER HIRSCHMANN MORMON (WITNESS)

SOLLTEN MINDESTENS SHOULD AT
LEAST ZWO SPRACHEN SEIN!

SOLLTEN   MINDESTENS   ZWEI
SPRACHEN SEIN!

SHOULD   AT   LEAST   ZWEI
LANGUAGES BE!

~

~

SHOULD   AT   LEAST   TWO
LANGUAGES BE!

SHOULD   AT   LEAST   TWO
LANGUAGES BE!

~

~

5

SOLLTEN MINDESTENS ZWEI
SPRACHEN SEIN!

SOLLTEN MINDESTENS ZWEI
SPRACHEN WERDEN!

~

~

IN MINDESTENS ZWEI SPRACHEN
SEIN SOLLTE!

IN MINDESTENS ZWEI SPRACHEN
SEIN SOLLTE!

SHOULD AT LEAST TWO LANGUAGES BE!

SHOULD AT LEAST TWO LANGUAGES BE!

HEUTE LEBT MEINE SCHWESTER MIT EINEM KINDERARZT, DAS IST MIR WICHTIG DRAUßEN IN FRANKREICH AUF EINER FARM, ZU MEINEM GEBURTSTAG TRUG SIE EINEN PAPAGEI AUF DER SCHULTER.

WIE TAYLOR-ANNE (HAYLEY H. HAYLEY FEILER #FF00FF+) HAT SIE VIEL LIEBE FüR TIERE, SIE HAT EINEN WEIßEN ARABERHENGST — AN WEIHNACHTETEN ERZäHLTE ICH IHR, ICH VERKAUFE IHN FüR 500.000 EURO, SIE SAGTE: " DAS WäRE TOLL. "

EIN KÄUFER GLAUBE ICH ZU DENKEN, SAGTE ICH HAT INTERESSE.

SIE SAGTE NEIN ICH WERDE IHN NIE VERKAUFEN.

ICH WOLLTE IHR NUR EINE FREUDE MACHEN.

AUCH MIR.

HEUTE LEBT MEINE SCHWESTER MIT EINEM KINDERARZT, DAS IST MIR WICHTIG DRAUßEN IN FRANKREICH AUF EINER FARM, ZU MEINEM GEBURTSTAG TRUG SIE EINEN PAPAGEI AUF DER SCHULTER.

WIE TAYLOR-ANNE HAT SIE VIEL LIEBE FÜR TIERE, SIE HAT EINEN WEIßEN ARABERHENGST — AN WEIHNACHTETEN ERZÄHLTE ICH IHR, ICH VERKAUFE IHN FÜR 500.000 EURO, SIE SAGTE: " DAS WÄRE TOLL. "

EIN KÄUFER GLAUBE ICH ZU
DENKEN, SAGTE ICH HAT
INTERESSE.

SIE SAGTE NEIN ICH WERDE IHN
NIE VERKAUFEN.

ICH WOLLTE IHR NUR EINE FREUDE
MACHEN.

AUCH MIR.

LIVES MY SISTER WITH A
PEDIATRICIAN, THAT'S
IMPORTANT ME OUT IN FRANCE
ON A FARM, FOR MY BIRTHDAY,
SHE WAS WEARING A PARROT ON
THE SHOULDER.

AS TAYLOR-ANNE (HAYLEY H.
HAYLEY FEILER FFOOFF) MUCH
LOVE FOR ANIMALS SHE HAS, SHE
HAS ON A WHITE ARABIAN
STALLION - CHRISTMAS I TOLD
HER I'M SELLING HIM FOR
500,000 EUROS, SHE SAID: "THAT
WOULD BE GREAT."

I THINK A BUYER TO THINK I SAID
INTEREST HAS.

SHE SAID NO I'LL NEVER SELL HIM.

I WANTED TO MAKE IT JUST A JOY.

ALSO ME.

LIVES MY SISTER WITH A PEDIATRICIAN, THAT'S IMPORTANT ME OUT IN FRANCE ON A FARM, FOR MY BIRTHDAY, SHE WAS WEARING A PARROT ON THE SHOULDER.

AS TAYLOR-ANNE HAS MUCH LOVE FOR ANIMALS, HAS A WHITE ARABIAN STALLION — CHRISTMAS I TOLD HER I'M SELLING HIM FOR 500,000 EUROS, SHE SAID: "THAT WOULD BE GREAT."

I THINK A BUYER TO THINK I SAID INTEREST HAS.

SHE SAID NO I'LL NEVER SELL HIM.

I WANTED TO MAKE IT JUST A JOY. ALSO ME.

HEI DAD,

OKAY - GEWONNEN - BIN ICH DER
GÄRTNER. STRAFE ZU SENDEN -
BITTE RECHTZEITIG VOR ABLAUF
DER FRIST. ICH GESTEHE. ICH
DENKE DIE BÜRGER. ICH DANKE IM
VORAUS H´ELF - BITTER NICHT
TUN MEINE IHM NICHT SCHMERZ
FRAU WIE MICH IST LANGGE,
LANGGE SEIT 17. MÄRZ. 2002
SIE EWICH 1.

ICH GAB IHM, MEINE WIVE, IN
DIESEM GESCHENK - MONTAG
UND SONNTAG. ERSTE ICH DA
ETWAS VERLIEBT WIE EH UND JE
IST ERSTE GESCHENK.

BITTE PRESIDENTE VERZEIHE
MEIN THEORIE WENN ICH IN
MATHEMATISCH „FORMELL":
GESCHENK = 48 STUNDEN WAHRE

11

WIRKLICHKEIT — JEDEM SO ZU
VERSTEHEN SICHER DAS ANDERE
FREUNDE, ICH WILL GEHEN — DU
WEIßT   5
I C H E E E R
  — WY

FREUND—ICH@CH &ICH@CH. [4]
IST HEUTE BEREIT DESHALB
MOSLEM 4+ NICHT NUR STRENG
IMMER SELBST NUR

EIN BUCH — ALLES IMMER SELBER
REGEL HATTE VON DER MOSLEM
MANN FREUDE GEFUNDEN UND
BESCHLüSSE ERWOGEN.

DADY...

WOW

ICH HABE ALLES GEMACHT MIT
DIR UND UNSERE FREUNDE UND
FRAUEN.

DANKE IM   NAMEN DER WELT
WORIN ICH VERSTEHE, DASS IST
ALLES.

UND ® SAGTE — ICH AUCH — ALSO
STIMMT — GEHEN NUR EINE
MENSCH VERLOREN WIE EIN
SCHAF, DANN RETTE ES AUS DER
DUNKELHEIT BIS DEIN HERZ DIE
LIEBE VERGEBEN KANN.

GLEICHE   ZEIT ICH   STELLE
HIERMIT   ANTRAG,
'OCHACHTUNGSVOLL   MISTERE
PRESIDENDE BARACK H. OBAMA -

GEBEN   SIE   MEINEM
GNADENGESUCH EIN ENDE,

BIEHTE...

FREUND, IN ACHTUNG; DEN
WEITEN WEG YU DU - DEIN
MENSCH. DO

DIRK

PS: BEI .35

∞

OKAY - WON - I'M THE
GARDENER. TO SEND PENALTY -
PLEASE THE PERIOD IN GOOD
TIME BEFORE THE END. I
CONFESS. I THINK THE CITIZENS.
I THANK YOU IN ADVANCE ´ 11 H -
BITTER MY DO HIM NO PAIN IS
WOMAN LIKE ME LANGGE,
LANGGE SINCE MARCH 17. 2002
YOU EWICH 1. I GAVE HIM MY
WIVE IN THIS GIFT - MONDAY AND
SUNDAY. FIRST I BECAUSE
SOMETHING LOVE AS EVER AND
EVER IS.

SAME TIME I SHALL REQUEST, ´
MISTERE PRESIDENDE BARACK H.

OBAMA HEREBY OCHACHTUNGSVOLL - GIVE AN END TO MY APPEAL FOR CLEMENCY

BIEHTE.

FRIEND IN DANGER; THE WAY YU YOU - YOUR MENSCH. DO DIRK PS: AT. 35

OKAY WON - I'M THE GARDENER. SEND PENALTY - PLEASE IN GOOD TIME BEFORE THE DEADLINE. I CONFESS. I GUESS CITIZENS. I THANK H ́ELEVEN IN ADVANCE - BITTER NOT DO MY HIM NOT PAIN WOMAN LIKE ME IS LANGGE, LANGGE SINCE 17TH 2002 YOU

EWICH 1. I GAVE IT MY WIVE IN THIS A GIFT - MONDAY AND SUNDAY. FIRST I BECAUSE SOMETHING GIVEN IN LOVE IS AS EVER.

... N8

OKAY WON - I'M THE GARDELEGENER. SEND PENALTY - PLEASE IN TIME BEFORE THE DEADLINE. I CONFESS. I GUESS CITIZENS. I THANK H´ ELEVEN IN ADVANCE - BITTER NOT DO MY HIM NOT PAIN WOMAN LIKE ME IS LANGGE, LANGGE SINCE 17TH 2002 EWICH YOU 1. I GAVE IT MY WIVE IN THIS A GIFT - MONDAY AND SUNDAY. FIRST I BECAUSE SOMETHING GIVEN IN LOVE IS AS EVER.

17

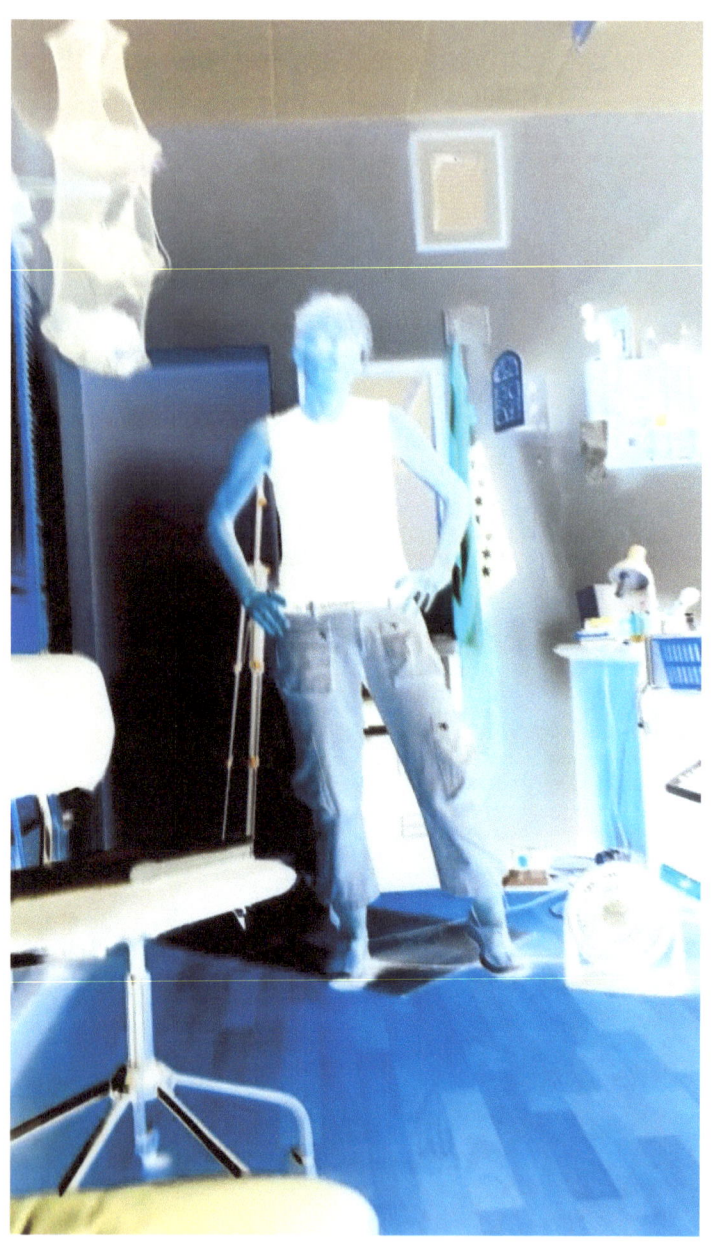

YEPPA

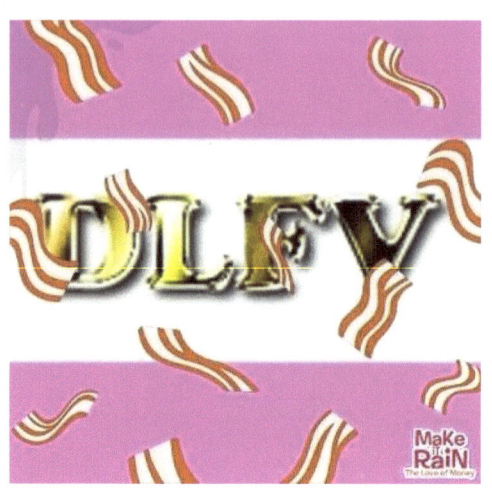

www.ingramcontent.com/pod-product-compliance
Lightning Source LLC
Chambersburg PA
CBHW050932290526

45792CB00002B/989